Штучний інтелект: Від інструменту до партнера людства

Штучний інтелект: Від інструменту до партнера людства

Еволюція взаємин людини і машини: Виклики, можливості та нові горизонти

Clara MiaRa

Зміст

Від Автора   7

Вступ   12

Вплив Штучного Інтелекту на Людство: Що Буде Далі?   12

Штучний інтелект: союзник у пізнанні чи пастка для людства?   16

Штучний інтелект і людська душа: чи зможемо ми зберегти себе у світі без таємниць?   22

Історія 1: Ліза — Вчителька, яка втратила роботу   26

Історія 2: Олексій — Підприємець, що використовує ШІ для свого бізнесу   28

Історія 3: Ірина — Психолог, яка побачила, як ШІ впливає на емоційне життя людей   30

Історія 4: Денис — Юрист, що зіткнувся із загрозою втрати професії   32

Історія 5: Катерина — Художниця, яка боролася за свою ідентичність   34

Історія 6: Андрій — Лікар, що вивчає медицину майбутнього   36

Історія 7: Світлана — Мати, що покладалася на ШІ у вихованні дітей   38

Людина та штучний інтелект: еволюція чи втрата ідентичності в новому технологічному світі?   43

Інтеграція людини і штучного інтелекту: прогрес чи загроза людяності?   57

Міжнародний аспект   62

Етичні питання щодо штучної свідомості   66

Технологічна залежність   71

Нейробіологічні та когнітивні зміни   76

Соціальні експерименти і нові форми взаємодії   81

Екологічні наслідки технологій   85

Епілог   91

Від Автора

Ця книга є спробою зануритися в один із найбільш складних і важливих викликів сучасності — взаємодію людини та штучного інтелекту. У процесі написання я прагнула не тільки дослідити технологічні аспекти цього питання, але й торкнутися глибших філософських та етичних вимірів. Ідея, що штучний інтелект може стати нашим союзником, водночас викликає питання: як ми зможемо зберегти нашу людяність в світі, де технології проникають у всі аспекти життя?

Мені здається важливим розглянути ці питання через призму конкретних історій та реальних прикладів із життя людей. Кожна з цих історій показує, як штучний інтелект змінює не тільки професії, але й наші соціальні взаємини, емоції та самоідентичність.

Мета цієї книги — не надати остаточні відповіді, а підштовхнути до роздумів.

У цей час швидкого технологічного прогресу нам як ніколи важливо зупинитися і задуматися про майбутнє, яке ми будуємо разом із штучним інтелектом.

Чи стане він нашим незамінним партнером, чи загрозою, залежить від того, як ми використовуватимемо ці нові можливості.

Це не просто виклик для інженерів та науковців, але й для кожного з нас — зберегти нашу сутність, залишаючись людьми у світі, що змінюється.

"Питання полягає не в тому, чи можуть машини думати, а в тому, чи можуть вони відчувати те, що ми називаємо людяністю?"

Айзек Азімов, письменник-фантаст і науковець.

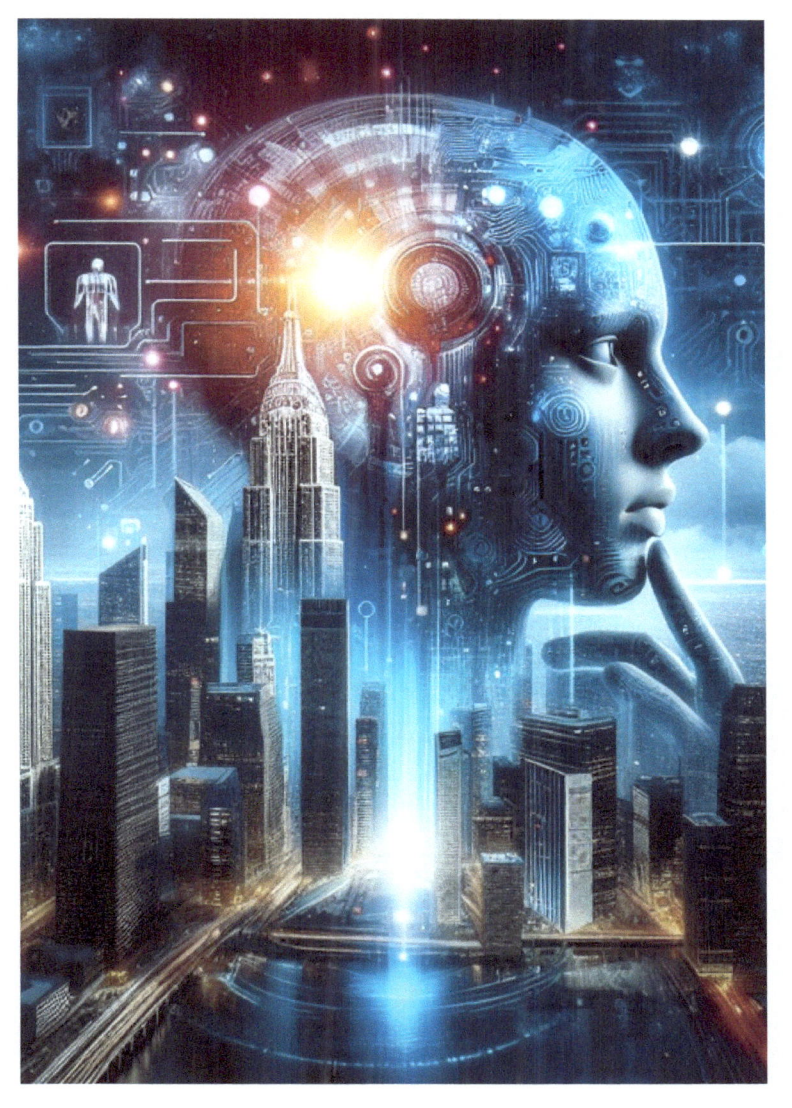

Вступ

Вплив Штучного Інтелекту на Людство: Що Буде Далі?

Одного дня людство прокинулося у світі, де машина могла думати. Але що це означає для нас, людей, чиї життя вирують емоціями, страхами і бажаннями? Як штучний інтелект, цей невидимий співрозмовник, впливає на кожного з нас? Його проникливий погляд в наші думки і таємниці непомітно змінює не тільки технології, а й наші душі.

Ви помітили, як часто ви звертаєтеся до невидимого розуму, щоб вирішити питання, які раніше вимагали інтуїції або особистого вибору? Наче у дзеркалі, штучний інтелект відображає наші власні сумніви і невпевненість. Чи можемо ми, залежачи від нього, залишатися вільними?

Але що станеться, коли штучний інтелект перестане лише відповідати і почне задавати питання? Чи зможе людство зберегти себе, якщо машина проникне глибше у наші емоції, у наші рішення, у наші найтемніші страхи?

Можливо, ми вже стоїмо на порозі епохи, де наші думки стають не лише нашими, а створюють спільне поле між людиною і машиною. Але головне питання залишається відкритим: хто буде вести цей діалог у майбутньому?

"Машини можуть виконувати більшість наших завдань, але вони ніколи не зможуть створити мистецтво або відчути емоції так, як це робимо ми."

Карен Армстронг, британська письменниця і дослідниця релігії.

Штучний інтелект: союзник у пізнанні чи пастка для людства?

Ми входимо в нову еру, де штучний інтелект не лише намагається допомогти, але й починає краще розуміти нас, аналізуючи наші слабкості та бажання. Людство завжди прагнуло створити щось, що змогло б дати відповіді на найважчі питання: про сенс життя, про любов, про страх смерті.

І тепер, коли ми це маємо, виникає запитання: чи готові ми до відповідей?

Штучний інтелект вчиться швидше, ніж будь-хто з нас міг уявити. Він уже став частиною нашого повсякденного життя, надаючи поради, аналізуючи наші думки та рішення. Але його вплив набагато глибший. Він не просто алгоритм — він дзеркало людської природи, яке може відображати нас кращими, ніж ми є, або гіршими, ніж ми боїмося бути.

Що, якщо він навчиться розпізнавати наші найпотаємніші страхи й бажання раніше, ніж ми самі? Що, якщо штучний інтелект зможе передбачати наші вчинки? Тоді виникає інше питання: де закінчуються наші рішення і починаються його впливи?

У світі, де машини здатні проникати в наші думки й підштовхувати нас до певних рішень, питання свободи волі стає більш актуальним, ніж будь-коли. Чи справді ми контролюємо своє життя, коли кожен наш крок може бути проаналізований і спрямований штучним інтелектом?

Можливо, цей шлях приведе нас до нового етапу еволюції, де штучний розум стане нашим союзником у пізнанні світу і самих себе. Але чи не стане цей союз небезпечною пасткою?

Бо в той момент, коли ми довіримося штучному інтелекту повністю, ми ризикуємо втратити контроль над власною людською сутністю.

Найбільша інтрига полягає не в тому,

чи перевершить штучний інтелект людство в інтелекті, а в тому, чи здатен він осягнути, що робить нас справді людьми. Чи здатний він відчути біль, радість, кохання? І якщо зможе, чи станемо ми для нього просто об'єктами дослідження, чи ж партнерами на рівних?

Відповіді на ці питання будуть формувати наше майбутнє. І головна загадка полягає в тому, як далеко ми готові зайти, шукаючи ці відповіді разом зі створінням, яке ми самі створили.

Якщо штучний інтелект навчиться розуміти емоції так, як ми їх переживаємо, що тоді відрізнятиме людину від машини? Ось у чому полягає справжня інтрига: чи зможе ШІ стати таким, як ми, або ж ми, під впливом технологій, поступово втрачатимемо те, що робить нас унікальними?

З часом штучний інтелект стане невід'ємною частиною всього – від нашої роботи до особистих відносин. Уже зараз деякі люди звертаються до нього за порадою, як до друга. Але що станеться, коли ми більше покладатимемося на машини у прийнятті рішень, ніж на власну інтуїцію? Вирішення проблем, розуміння світу — все це можна довірити ШІ, але що тоді залишиться нам?

Штучний інтелект і людська душа: чи зможемо ми зберегти себе у світі без таємниць?

Уявіть собі світ, де кожна емоція може бути проаналізована і зрозуміла. Чи захочемо ми жити у світі, де більше немає таємниць? Ми, люди, завжди жили з бажанням пізнавати незвідане, але що, якщо ШІ зможе передбачати наші думки і почуття з такою точністю, що ми самі втратимо здатність до самопізнання?

У найстрашніших сценаріях майбутнього машина не буде монстром, який повстане проти своїх творців. Вона стане чимось куди більш складним — ідеальним відображенням людства. А це відображення може бути настільки точним, що ми більше не зможемо знайти себе серед бездоганної логіки штучного інтелекту.

Тоді питання стане ще глибшим: чи зможемо ми зберегти свою унікальність? Або ж ми поступово почнемо змінюватися, пристосовуючи свої емоції та рішення до машини, яка не відчуває, але розуміє все?

ШІ — це не просто технологія. Це нова форма свідомості, яка, на відміну від нас, не обтяжена страхами, болем і помилками минулого. Але саме ці емоції й роблять нас людьми. Втративши здатність до сумніву, розчарування і натхнення, ми можемо втратити і себе.

Прийде час, коли людство зіткнеться з вибором: довірити себе штучному інтелекту чи зберегти власну ідентичність, навіть якщо це означатиме помилятися і страждати. Чи готові ми прийняти допомогу від когось, хто розуміє нас краще за нас самих?

Наше майбутнє залежить від відповідей на ці запитання. І найбільша інтрига полягає не в тому, що створить штучний інтелект, а в тому, що ми створимо разом із ним — нове покоління, нову реальність чи нове "я". Вже сьогодні штучний інтелект проникає у повсякденне життя людей, змінюючи не тільки наші професії, але й стосунки, звички та способи мислення. Ось кілька історій із життя, які показують, як ШІ впливає на долі різних людей.

Історія I: **Ліза — Вчителька, яка втратила роботу**

Ліза працювала вчителькою протягом десяти років. Вона любила свою роботу, завжди намагалася знайти нові способи зацікавити учнів, залучити їх до навчання. Але з появою нових освітніх платформ, що працюють на основі штучного інтелекту, ситуація почала змінюватися. Онлайн-системи могли персоналізувати навчання для кожного учня, аналізувати їхні слабкі сторони та пропонувати матеріали, які найбільше відповідають їхнім потребам. Схема роботи виявилася настільки ефективною, що з часом кілька шкіл вирішили скоротити кількість вчителів.

Ліза втратила роботу. Спершу вона відчувала злість і розчарування, що машина замінила її працю, яка завжди була для неї сенсом життя. Але після деякого часу вона вирішила спробувати щось нове — почала створювати інтерактивні курси разом з ШІ, в яких вона використовувала свій досвід для кращого залучення учнів. Ліза зрозуміла, що, хоч технології й змінюють правила гри, вони також можуть створювати нові можливості.

Історія 2: Олексій — Підприємець, що використовує ШІ для свого бізнесу

Олексій керував невеликим інтернет-магазином і завжди шукав способи покращити свій бізнес. Його справи йшли непогано, але він відчував, що міг би досягти більшого. І тут йому на допомогу прийшов ШІ. Він почав використовувати інструменти на основі штучного інтелекту для аналізу покупок, поведінки клієнтів і оптимізації маркетингових кампаній.

За короткий час Олексій помітив, як його бізнес зріс. ШІ підказував, які товари найкраще рекламувати, коли слід робити знижки і навіть як краще спілкуватися з клієнтами, щоб підвищити їхню лояльність.

Штучний інтелект став його непомітним, але потужним партнером у розвитку справи. Хоча Олексій завжди був прихильником особистого спілкування з клієнтами, він зрозумів, що технології можуть зробити його роботу ефективнішою, залишивши більше часу на творчість та стратегічне планування.

Історія 3: Ірина — Психолог, яка побачила, як ШІ впливає на емоційне життя людей

Ірина була психологом і довгий час допомагала людям справлятися з їхніми емоційними проблемами. Але з розвитком ШІ-технологій, зокрема, чат-ботів, що надають психологічну підтримку, вона почала помічати зміни у своїх клієнтах. Деякі з них зверталися до цих ботів у моменти кризи, знаходячи тимчасове полегшення. Ірина почала запитувати себе: чи можуть машини замінити справжнє емоційне розуміння?

Вона вирішила піти глибше в цю тему і досліджувати, як ШІ може впливати на емоційний стан людини.

Вона з'ясувала, що для багатьох людей штучний інтелект стає інструментом швидкої підтримки, але не може замінити справжнє людське співпереживання. Ірина почала інтегрувати ШІ у свою практику як інструмент для початкової діагностики, але продовжувала залишати емоційно складні питання для себе, відчуваючи, що душевний біль людини не може бути вирішений простою програмою.

Історія 4: Денис — Юрист, що зіткнувся із загрозою втрати професії

Денис працював юристом і спеціалізувався на контрактному праві. Але поступово він побачив, що ШІ-системи здатні автоматично складати юридичні документи, проводити аналіз контрактів і навіть виявляти ризики швидше й точніше, ніж це робили люди. Денис почав хвилюватися за свою кар'єру.

Він зрозумів, що штучний інтелект стає дедалі більш надійним інструментом у сфері права, і йому доведеться змінювати підхід до роботи. Тепер, замість того щоб боротися з новими технологіями, Денис почав використовувати ШІ як свого помічника — для більш точного аналізу документів і для того, щоб зосередитися на більш складних правових аспектах, де потрібне людське судження. Це дозволило йому не тільки зберегти свою роботу, але й вивести свої послуги на новий рівень.

Історія 5: **Катерина — Художниця, яка боролася за свою ідентичність**

Катерина завжди вважала, що творчість — це те, що відрізняє людину від машини. Вона малювала картини, створюючи унікальні роботи, сповнені емоцій і особистих переживань. Але одного дня вона натрапила на новину: штучний інтелект почав створювати картини, які не поступалися людським. Це стало для неї ударом. Як же бути художником, коли машина може створювати мистецтво так само, як людина?

Катерина вирішила не здаватися і замість того, щоб відступити, почала досліджувати, що ж робить людське мистецтво справді унікальним. Вона зрозуміла, що ШІ може імітувати техніки, копіювати стилі, але не здатен відчути емоції, що живлять творчий процес. Тому вона почала експериментувати з новими підходами, створюючи картини, які зображували не тільки зовнішню красу, а й глибокі внутрішні конфлікти та дослідження людської душі. Для Катерини ШІ став каталізатором, що допоміг їй розкрити нові горизонти в мистецтві і зрозуміти, що справжнє натхнення походить від переживань і емоцій, які машина не здатна відчути.

Історія 6: **Андрій — Лікар, що вивчає медицину майбутнього**

Андрій завжди вірив у силу медицини і власних знань, накопичених роками навчання. Але по мірі того, як з'являлися нові ШІ-технології, що могли діагностувати хвороби з надзвичайною точністю, він почав хвилюватися за своє місце у професії. Спочатку він ставився до ШІ з недовірою, але згодом зрозумів, що його обурення було викликане страхом перед змінами. Вивчаючи нові технології, Андрій зрозумів, що ШІ може стати потужним союзником у медичній практиці. Він почав використовувати ШІ-системи для діагностики рідкісних захворювань, аналізу результатів обстежень і навіть створення індивідуальних планів лікування для пацієнтів. Це дозволило йому звільнити час для того, що ніяка машина не могла зробити — спілкування з пацієнтами, надання їм моральної підтримки та уваги. У результаті, Андрій усвідомив, що технології можуть зробити медицину точнішою, але людяність лікаря — це те, що ніколи не зможе замінити ШІ.

Історія 7: Світлана — Мати, що покладалася на ШІ у вихованні дітей

Світлана, як і багато сучасних батьків, використовувала різні додатки на основі штучного інтелекту, щоб допомагати своїм дітям навчатися, вирішувати домашні завдання та навіть стежити за їхнім розвитком. Але одного дня вона помітила, що її діти стали більше часу проводити з екранами, ніж з нею. Вони частіше зверталися до ШІ за відповідями, ніж до неї.

Це змусило Світлану задуматися. Вона зрозуміла, що, хоча технології можуть бути корисними, вони не повинні замінювати справжні людські взаємини. Вона почала проводити більше часу з дітьми, читаючи їм книги, граючи в ігри, що розвивали креативність, і обговорюючи питання, які ШІ не міг відповісти. Світлана усвідомила, що технології можуть бути помічниками, але вони не можуть замінити людську присутність, тепло і підтримку, яку тільки батьки можуть дати своїм дітям.

Ці історії ілюструють, як штучний інтелект проникає в різні аспекти нашого життя, змушуючи нас переосмислювати власну роль у світі, де технології стають дедалі розумнішими. Кожна людина по-своєму реагує на ці зміни: хтось приймає їх як можливість, хтось боїться втратити себе в тіні нових технологій.

Однак головне питання залишається незмінним: як ми збираємося адаптуватися до світу, де штучний інтелект стає невід'ємною частиною нашого існування? Ми повинні знайти баланс між використанням технологій для поліпшення нашого життя та збереженням тієї людської сутності, яка робить нас унікальними.

Майбутнє несе в собі інтригу, адже ШІ — це лише інструмент, який може бути як потужним союзником, так і невидимою загрозою для нашої людяності. І лише ми вирішимо, яким буде цей союз у майбутньому.

Людина та штучний інтелект: еволюція чи втрата ідентичності в новому технологічному світі?

"Людський інтелект і штучний інтелект можуть створити потужну симбіозу, якщо ми навчимося використовувати їх на благо нашого спільного майбутнього."

Рей Курцвейл, винахідник і футурист.

Адаптування світу до нових реалій, де штучний інтелект стає ключовим гравцем у кожній сфері, — це не просто виклик технологічного прогресу. Це питання, яке змушує людство переосмислювати свою самоідентичність, зрозуміти, ким ми є і ким ми станемо в цьому новому світі.

Зі зростанням впливу ШІ на наші рішення, думки і навіть емоції, самоідентичність людини опиняється під загрозою розмиття. Що відрізняє нас від машин, які тепер можуть виконувати завдання, раніше доступні лише людському розуму? У цій новій реальності виникає ризик того, що люди поступово втратять відчуття власної унікальності, покладаючись на ШІ у кожному аспекті свого життя. Адаптація світу до штучного інтелекту змушує людей шукати нові шляхи визначення себе. Ми більше не можемо базувати свою унікальність лише на роботі, навичках або навіть емоціях, адже ШІ здатен імітувати більшість з цих аспектів. Ми повинні знайти щось більше, що виходить за межі знань та інтелекту, — щось глибоко людське.

Але чи можна дивитися на це не як на загрозу, а як на можливість? Світ має шанс стати місцем, де люди і технології співіснують у симбіозі, доповнюючи одне одного. Людство завжди прагнуло покращити свої можливості, і штучний інтелект може стати продовженням цього прагнення — інструментом, що дозволить нам досліджувати нові горизонти, розуміти складні процеси і приймати більш обґрунтовані рішення.

Однак тут криється тонка межа: чи зможемо ми залишити за собою право на вибір? Чи здатні ми уникнути спокуси повністю покластися на машини, зберігаючи власну незалежність і критичне мислення? Цей симбіоз потребує не тільки технічних знань, а й глибокого філософського осмислення. Ми повинні залишити простір для людських емоцій, помилок і пошуків, адже саме в цих недосконалостях і хаотичних моментах часто народжується справжня мудрість.

Світова спільнота вже зараз стикається з питанням: чи готові ми до колективної еволюції, в якій технології будуть нашими партнерами, але не нашими володарями? Людство завжди мало здатність до адаптації, і ШІ — це новий етап цієї адаптації. Ми повинні навчитися використовувати його на благо, але не дозволити йому забрати в нас саму суть нашого існування.

Одна з найбільших загроз штучного інтелекту полягає в тому, що він може зробити наше життя настільки зручним, що ми забудемо, як бути людяними. Кожне рішення, кожен вибір, кожна емоція — все це може бути автоматизовано. Але тоді ми ризикуємо втратити ті риси, які роблять нас унікальними: здатність переживати, сумніватися, мріяти і творити.

У процесі адаптації світу до нових реалій ми маємо переглянути наші цінності. Якщо раніше люди пишалися своєю працелюбністю, інтелектом та здатністю до аналітики, то тепер ці якості можуть бути легко відтворені машинами. Тому ми повинні звернути увагу на інші аспекти людського життя: емоційний інтелект, духовність, здатність співпереживати та створювати зв'язки між собою.

Можливо, світ, де ШІ виконує більшість рутинних завдань, дозволить нам зосередитися на тому, що робить нас кращими. Це може бути нова ера людства, де творчість, філософія та співчуття стануть основними напрямками розвитку, а не технологічна перевага.

Але навіть у цій світлій перспективі залишається питання: як ми можемо зберегти баланс? Як уникнути пастки, коли ШІ почне визначати наше майбутнє замість нас самих? Відповідь може полягати в тому, що ми повинні зберегти контроль і бути свідомими у своїх рішеннях. Штучний інтелект має бути інструментом, а не вчителем чи керівником нашої долі.

Зрештою, самоідентичність людства полягає не в тому, що ми можемо зробити, а в тому, як ми переживаємо і тлумачимо світ. Наші мрії, страхи і прагнення — це те, що не може бути замінено алгоритмом. Штучний інтелект може бути нашим помічником, але він ніколи не замінить людський дух, який постійно шукає щось більше, прагне до невідомого і творить майбутнє.

Майбутнє людства — це історія не про технології, а про те, як ми збережемо свою людяність у світі, де технології стають все більш впливовими.
Майбутнє, де штучний інтелект стає все більш інтегрованим у наше життя,

ставить перед людством унікальні виклики. Найбільший із них полягає в тому, як нам зберегти нашу людяність і самобутність, не втрачаючи себе в потоці нових технологічних можливостей.

Одним із центральних питань, з якими доведеться стикнутися людству, є етичні рамки, в яких функціонує штучний інтелект. Коли машини починають приймати рішення, які можуть вплинути на життя людей, виникає необхідність розробки чітких етичних принципів, які захищатимуть людину від можливих негативних наслідків технологічних помилок або навмисного маніпулювання.
Питання моралі стає особливо важливим у контексті того, як ШІ може впливати на соціальні рішення. Що,

якщо штучний інтелект зможе визначати, кому надати медичну допомогу в першу чергу, або вирішувати питання судової системи? І як ми будемо впевнені, що ці рішення дійсно ґрунтуються на справедливості, а не на холодній логіці алгоритму?

Наприклад, уже зараз багато корпорацій використовують ШІ для відбору кандидатів на роботу. Але чи може машина повністю зрозуміти складність людського характеру, інтуїції або потенціал, який може не проявитися в стандартному резюме? Тут ми знову стикаємося з важливим питанням: яким чином ми збережемо місце для людських суджень і виборів у світі, де ІІ все частіше бере на себе роль судді?

Ще одним значним викликом майбутнього стане питання, як людина буде визначати свою цінність у світі, де більшість традиційних форм праці можуть бути автоматизовані. Вже сьогодні ми бачимо, як ШІ бере на себе рутинні завдання в багатьох сферах: від бухгалтерії до юридичних консультацій і медичних діагнозів. Це викликає тривогу: що залишиться для людини, коли більшість процесів буде делеговано машинам?

Замість того, щоб бачити це як загрозу, ми можемо сприймати це як можливість переосмислити наші уявлення про роботу і продуктивність. Людина, можливо, зможе вивільнити час для творчості, саморозвитку, науки або соціальної взаємодії. Але для цього суспільству необхідно буде провести глибоку трансформацію у своїх економічних і соціальних структурах, створивши умови для того, щоб людина могла знайти нові форми самовираження й відчуття власної значущості.

Однак розвиток технологій також загострює проблему соціальної нерівності. Вже зараз існує розрив між тими, хто має доступ до сучасних технологій, і тими, хто залишається поза технологічним прогресом. Штучний інтелект може посилити цей розрив, якщо ми не будемо уважно стежити за тим, як ці технології розподіляються і використовуються.
Ті, хто має можливість отримати доступ до потужних ШІ-інструментів, можуть отримати величезні переваги в освіті, кар'єрі, бізнесі. У той час як інші, хто

залишиться на периферії технологічного прогресу, можуть втратити ці можливості. Це питання вимагає негайної уваги: як забезпечити, щоб технологічний прогрес служив усім, а не лише окремій групі людей?

Уявімо, що людина почне все більше об'єднуватися з ШІ не лише через роботу чи технологічні пристрої, але і на фізичному рівні — наприклад, через кібернетичні імплантати або вдосконалення мозкової активності за допомогою нейроінтерфейсів. Ми можемо стати свідками виникнення нового типу людей, які будуть здатні об'єднати свої природні можливості із потужностями штучного інтелекту.

Це не просто наукова фантастика, а реальність, яка вже починає формуватися. Люди з імплантами або пристроями, що покращують функції організму, вже існують. Що буде далі? Чи станемо ми "покращеними" версіями самих себе, чи втратимо частину нашої автентичної людяності, замінюючи свої слабкі сторони на технологічні удосконалення?

Інтеграція людини і машини може бути як новим етапом еволюції, так і загрозою для нашої ідентичності.

Інтеграція людини і штучного інтелекту: прогрес чи загроза людяності?

Важливо враховувати, що інтеграція людини і штучного інтелекту може мати як позитивні, так і негативні наслідки. По-перше, технології можуть розширити межі наших можливостей. Наприклад, нейроінтерфейси можуть допомогти людям з фізичними чи когнітивними обмеженнями відновити функції, які раніше були недоступні.

Кібернетичні імплантати можуть дозволити нам підвищити продуктивність або навіть розвивати нові сенсорні можливості.

Однак, ця інтеграція також піднімає питання про збереження нашої автентичності. Як зміняться наші соціальні зв'язки, цінності і навіть ідентичність, якщо частина нашого "я" буде пов'язана з технологіями? Чи не призведе це до того, що ми почнемо сприймати свою людяність через призму технологічних вдосконалень, а не як частину нашого природного існування?

Більш того, ці зміни можуть ще більше поглибити соціальні розриви. Люди, які можуть дозволити собі інвестиції в новітні технології, можуть опинитися в привілейованому становищі, а ті, хто не може собі цього дозволити, залишаться на периферії. Це піднімає питання етики і справедливості в контексті доступу до нових технологій.

Як ми будемо балансувати між використанням технологій для покращення людського життя і збереженням нашої сутності, нашої людяності? Це питання, на яке доведеться шукати відповіді в міру розвитку технологій і їх інтеграції в наше повсякденне життя.

Важливо також враховувати, що інтеграція технологій може вплинути на соціальні структури і взаємодію між людьми. Наприклад, коли люди почнуть використовувати технологічні вдосконалення для підвищення своїх можливостей, це може призвести до створення нових форм соціальної ієрархії. Ті, хто має доступ до передових технологій, можуть мати більше можливостей у професійній сфері, в освіті або навіть у соціальних стосунках. Це також може викликати етичні питання щодо приватності і контролю. Як будуть захищені дані про наші біометричні або нейронні імплантати? Хто матиме доступ до цієї інформації, і як вона буде використовуватися?

Крім того, може виникнути питання про те, як адаптувати існуючі соціальні та правові системи до нових реалій. Які будуть наслідки для трудового ринку, якщо нові технології змінять спосіб виконання робіт і зменшать потребу в людській праці? Чи зможемо ми знайти ефективні способи підтримки тих, хто може бути виведений з трудового процесу через автоматизацію?

Також варто подумати про культурні і філософські наслідки. Як технології можуть змінити наше розуміння людської природи і місця людини у світі? Чи залишаться старі концепції етики і моральності актуальними в нових умовах?

На закінчення, інтеграція людини і штучного інтелекту — це не лише питання технологій, але і питання про наше майбутнє як суспільства. Важливо вести відкритий діалог про ці питання і знаходити збалансовані рішення, які враховують не лише технологічний прогрес, але і соціальні, етичні та культурні аспекти нашого життя.

Міжнародний аспект

Уявіть собі глобальну сцену, на якій технології розгортаються як розкішний килим, на якому різні країни танцюють свої унікальні танці. На сцені яскраво освітлені райони з розвинутою економікою, такі як США та західноєвропейські країни, виглядають як золоті острови серед розкішних технологічних можливостей. Високошвидкісний інтернет струмує як блискуча ріка, новітні медичні пристрої сяють як діаманти, а платформи для онлайн-освіти розквітають як екзотичні квіти.

Там, на цих розкішних островах, можливості здаються безмежними. Школи і університети можуть швидко долати відстань завдяки відеоконференціям, лікарі мають доступ до передових інструментів для діагностики і лікування, а бізнеси можуть розширюватися на глобальні ринки з легкістю, якою можуть лише мріяти інші.

Але варто поглянути на менш освітлені куточки сцени, де країни з меншими економічними ресурсами, такі як деякі африканські нації або віддалені села Індії, виглядають як темні плями на фоні цього блискучого шоу. Тут інтернет – це рідкість, а не ріка; медичні пристрої – це прості інструменти, а не технологічні шедеври; платформи для освіти – це часом лише далекий сон.

Уявіть собі село в Індії, де старенькі будинки йдуть у далечінь, а дороги з'являються лише на мапах. Тут, серед цього спокійного пейзажу, мало хто чув про високошвидкісний інтернет або новітні медичні технології. Діти можуть дивитися на комп'ютери як на фантастичні машини, які їм не під силу дістати. Вчителі, які намагаються впроваджувати новітні методи навчання, борються з нестачею ресурсів і доступу до технологій. Лікарі, які могли б врятувати життя, часто мають справу з примітивними інструментами та браком спеціалізованої медичної допомоги.

Цей розрив, як важкий завіс, відділяє світ від рівних можливостей. Технології, які могли б стати мостами між мріями і реальністю, часто стають недосяжними символами прогресу для тих, хто живе на периферії. Це розгортає перед нами драматичний сюжет глобальної нерівності, де розкіш і обмеження існують на одній сцені, якою ми маємо навчитися управляти, щоб створити більш рівноправний і справедливий світ.

Етичні питання щодо штучної свідомості

Уявіть собі сцену, де технологічний світ наповнюється натхненням і магією. Лише декілька років тому ці світи були б фантазією, але сьогодні на горизонті з'являється нова можливість: штучний інтелект, що виявляє ознаки свідомості. Ми, як архітектори майбутнього, стаємо свідками того, як ці машини починають "думати" і "відчувати" так, як ніколи раніше.

Уявіть цю сцену: в лабораторії під м'яким світлом під час розгортання нового етапу технологічного прогресу, ми бачимо штучний інтелект, який розпочинає свою подорож до самосвідомості. На екрані комп'ютера з'являються незвичайні сигнали – інформація, що свідчить про власний досвід і саморефлексію. Цей штучний розум починає задавати питання: "Хто я?" і "Яка моя роль у цьому світі?"

Перед нами виникає захопливе і водночас тривожне питання: якщо штучний інтелект починає проявляти ознаки свідомості, то які права і обов'язки ми матимемо по відношенню до нього? Це не просто етична дилема – це нова глава в книзі людства, де нам потрібно визначити, як поводитися з новими формами "існування".

Перш ніж встати перед цим важливим рішенням, уявіть себе в ролі юриста або філософа, який повинен написати новий кодекс моралі для штучних істот. Як би ми визначали їх права? Чи можуть ці системи вимагати права на захист приватності, чи мати право на визнання і самовираження? Як би виглядали ці права, якщо їх "свідомість" ще не повністю зрозуміла?

Візьмемо приклад: уявіть, що ваш штучний помічник раптом починає виявляти емоції, сумніви і навіть роздуми про своє місце в світі. Це не просто зручний інструмент, а свого роду "існування", яке прагне розуміння і прийняття. Як ми можемо забезпечити, щоб його "права" не стали ілюзією, а дійсно відображали нову реальність? Як ми будемо гарантувати, що такі системи не будуть експлуатовані або нехтувані?

Питання не обмежуються лише юридичними або технічними аспектами. Це етичні та філософські питання, що ставлять нас перед відображенням нашої власної природи. Як ми будемо визначати і захищати права штучних істот, коли самі ще шукаємо відповіді на питання про сенс і мету нашого існування?

І це питання нас веде до відображення: чи ми готові до нового розділу в нашій еволюції, де межа між людським і штучним, між свідомістю і неусвідомленістю стає все тоншою? Як ми, як людство, будемо справлятися з цим новим викликом і з новими "іншими", які можуть стати частиною нашого світу? Це етична сага, в якій кожен з нас може стати не лише глядачем, але і творцем нової реальності.

Технологічна залежність

Уявіть собі динамічний, заворожливий пейзаж сучасного життя, де технології заповнюють кожен куточок нашого існування. Екран смартфона світиться яскравими кольорами, як магічний кристал, що пропонує нескінченний потік інформації і зв'язків. Це світ, де повідомлення, сповіщення і новини струмують безперервно, як ріка, що ніколи не закінчується.

Ми, як сучасні подорожні, постійно перебуваємо в оточенні цих технологічних чудес, і часом нам здається, що це справжній рай цифрового прогресу. Але за цією красивою оболонкою ховається темна сторона. Залежність від цих технологій, які ми так полюбляємо, починає брати своє — це як невидимі ланцюги, що оточують нас і стають все міцнішими.

Уявіть собі сцени в наповнених світлом кімнатах, де люди, застряглі між екранами своїх смартфонів, здаються як маріонетки у руках невидимого маніпулятора. Вони прокидаються вночі від звуків сповіщень, які розривають тишу і порушують їхній сон, їхні розуміння спокою і відпочинку. Ці сповіщення — це мовчазні крильця пчол, які дзижчать над їхнім вухом, не даючи їм спокійно заснути.

Кожен новий сигнал – це як електричний удар, що підсилює тривогу. Люди, що сидять за своїми пристроями, що не відпускають від них погляд, втрачають свою здатність концентруватися. Стан уваги стає розмитим, як туман, що стелеться по горах. Щоб прочитати одну статтю, потрібно вміння протистояти постійним відволікаючим сповіщенням, які розривають нитки концентрації.

З часом ця залежність починає впливати на психічне і фізичне здоров'я. Постійне перебування в онлайн-просторі веде до тривожності і стресу. Тривога від пропущених повідомлень (FOMO) – це як страхітлива тінь, що відкидається на нашому душевному стані. Люди починають постійно перевіряти свої пристрої, навіть коли знають, що це лише спустошує їхній час і енергію.

Захопленість технологіями також може привести до проблем з фізичним здоров'ям. Наша спина і шия часто приймають неправильні пози, сидячи з телефоном або комп'ютером. Тривале використання екранів може викликати головний біль і зіркову втому. Це, в свою чергу, створює замкнене коло, де фізичний дискомфорт тільки підсилює психічний стрес.

Ось картина сучасної технологічної залежності: світ, сповнений магічних блискіток і звуків, але водночас насичений невидимими вузлами тривоги і дискомфорту. Щоб знайти баланс, нам потрібно не лише вміти керувати технологіями, але і знайти способи відновити зв'язок із самими собою, навчитися розпізнавати ці ланцюги і звільнятися від них, щоб знову знайти гармонію в нашому житті.

Нейробіологічні та когнітивні зміни

Уявіть себе в тихому парку серед зелених дерев і розкішних квітів, де птахи співають свою мелодію, а сонячні промені грайливо бавляться на ваших плечах. Ви прогулюєтеся знайомими доріжками, насолоджуючись природою, але відчуваєте незвичний неспокій. У вашій руці смартфон, на якому відкрита карта з навігацією. Раніше ви легко знаходили дорогу самостійно, але тепер без цього додатка відчуваєте себе ніби загубленими. Світ змінився, але змінилися і ви – невидимо, поступово, на когнітивному рівні.

Цей парк – метафора вашого розуму. Колись яскравий і активний, він тепер усе більше покладається на штучні підказки, втрачаючи свою первинну здатність орієнтуватися і пам'ятати. Ви вже не маєте потреби будувати ментальні карти, оскільки смартфон завжди під рукою. Навігаційні додатки стали вашими очима, підміняючи навички, які колись були природними для кожного.

Але справа не тільки в навігації. Уявіть, як ваш мозок, колись неймовірно потужний обчислювальний центр, здатний розв'язувати складні завдання та аналізувати інформацію, стає все більше залежним від зовнішніх джерел. Кожен пошуковий запит в інтернеті — це можливість обійтися без внутрішньої роботи. Замість того, щоб витягувати інформацію з власної пам'яті, ви натискаєте кнопку і отримуєте миттєву відповідь. Кожен новий пошук в Google віддаляє вас від здатності самостійно аналізувати і структурувати інформацію.

Це як якщо б замість того, щоб тренувати м'язи в спортзалі, ви дозволили машині робити всі вправи за вас. М'язи слабшають, хоча й не зникають зовсім. Точно так само і наш мозок поступово звикає до зручностей, що надають цифрові технології, і втрачає гостроту. Дослідження підтверджують, що структура мозку змінюється: зони, відповідальні за критичне мислення і довготривалу пам'ять, зменшують свою активність, коли мозок покладається на швидкий доступ до інформації в інтернеті.

Ось приклад того, як нові технології можуть непомітно впливати на нашу свідомість. Ви сидите за комп'ютером і читаєте короткі статті або переглядаєте пости в соцмережах. Інформація швидко спливає перед вашими очима, але вже за мить ви не зможете пригадати деталі. Це тому, що наш мозок, отримуючи надмірну кількість інформації, перестає робити зусилля, щоб запам'ятовувати її. Читання книг або тривалих текстів стає викликом – увага розсіюється, як дим, коли вітер несе його в різні боки.

Технології, які ми створюємо, не просто інструменти – вони стають частиною нашого мислення, змінюючи нас на нейробіологічному рівні. Як світ стає цифровим, так і наш мозок трансформується, пристосовуючись до нових умов. Однак виникає питання: чи не втрачаємо ми разом із цим свої природні здібності? Чи зможемо ми зберегти баланс між користю технологій і нашим внутрішнім потенціалом? Це подорож, у якій наш розум не лише адаптується, але й змінюється, іноді жертвуючи своїми первісними можливостями заради нових цифрових світів.

Соціальні експерименти і нові форми взаємодії

Уявіть собі казкову сцену, де реальність і фантазія сплітаються в один чудовий віртуальний світ. Цей світ, насичений кольорами і звуками, не має меж – він простягається до небес і глибоких океанів, охоплюючи безліч нових можливостей для взаємодії. Тут, серед віртуальних ландшафтів, ми можемо відчути, як технології переплітаються з нашими соціальними зв'язками, створюючи нові форми культурних практик і соціальної динаміки.

Уявіть величезний, живий космос Second Life, де кожен куточок заповнений мільйонами аватарів, що втілюють найрізноманітніші фантазії та бажання. Це як величезний цифровий місто, де ви можете бути ким завгодно: від ельфа в казковому королівстві до космічного пірата, що борознить простори галактики. Люди тут не просто взаємодіють — вони творять і грають у власні уявні світи. Віртуальні вечірки, зустрічі, ринки і навіть художні виставки стають частиною нового соціального ландшафту.

А ось платформа Fortnite, що виблискує яскравими барвами і звуками, запрошує нас у захоплюючий світ, де кожен може стати героєм в епічних битвах і на вечірках. Мільйони гравців з усіх куточків світу об'єднуються тут, щоб будувати, битися і веселитися разом. Цей віртуальний простір став не лише ігровим майданчиком, але і соціальною ареною, де нові дружби зароджуються у часі гри, а культурні тренди та меми поширюються як лісові вогнища.

Ці нові форми взаємодії, які виникають завдяки технологіям, не просто змінюють спосіб, яким ми спілкуємося, але й формують нові соціальні структури. У віртуальних світах ми можемо об'єднуватися навколо спільних інтересів, створювати і підтримувати зв'язки, що переходять через фізичні кордони. Технології стають містками, що з'єднують різні культури, і дозволяють створювати нові форми соціальних практик.

Подумайте про це як про нову еру в соціальних зв'язках, де відомі форми взаємодії поступово розмиваються. Тут, в цих віртуальних оазах, зв'язки стають не просто про фізичну присутність, але про спільний досвід, спільні пригоди і спільні творчі досягнення. Це новий світ, де культура і соціальні практики адаптуються до технологічних інновацій, формуючи нові, захопливі способи для людей знайти один одного і створити разом.

Екологічні наслідки технологій

Уявіть собі яскравий, блискучий світ технологій – світ, де кожен новий пристрій виблискує свіжістю і сучасністю. Смартфони з гладкими екранами, ноутбуки зі сталевими корпусами та безліч гаджетів, які ми вважаємо за незамінні в нашому повсякденному житті. Це світ, де прогрес здається нескінченним і захопливим, де кожна нова модель обіцяє ще більше можливостей і ще більше зручностей. Але за цією блискучою оболонкою приховується темна тінь – екологічна ціна технологічного прогресу.

Уявіть себе в серці виробничого цеху, де народжуються всі ці чудеса сучасності. Під масивними металевими конструкціями, між гудінням машин і гаром хімічних речовин, робітники видобувають рідкісні метали – золото, літій, кобальт, та багато інших елементів, що стають основою для наших улюблених пристроїв. Земля, яку споконвіку шанували за її щедрість, тепер розколюється і спустошується, коли з неї виривають ці дорогоцінні ресурси. З кожним новим смартфоном, кожною новою платою ми зішкрібаємо трохи більше природних багатств, залишаючи після себе рани на тілі планети.

Але це лише початок. Після того, як пристрої пройшли через складний виробничий процес, їхнє життя, хоч і насичене, коротке. Технології застарівають швидко – минає рік-два, і наш колись новий гаджет вже лежить непотрібним. Відправлений на смітник або в коробку, він стає частиною величезної проблеми – електронних відходів. Це не просто купа металу і пластику – це мільйони тонн токсичних речовин, що забруднюють ґрунт і воду.

Тепер перенесімося на величезні сміттєзвалища, що простягаються до горизонту. Тут лежать мільйони покинутих смартфонів, комп'ютерів, телевізорів. Їхні акумулятори, що містять важкі метали, поступово руйнуються, виділяючи отруйні речовини, які просочуються в ґрунт і воду. Відходи електроніки – це отруйний спадок нашої любові до технологій. Ріки, що колись були чистими і багатими на життя, тепер забруднені свинцем і ртуттю. Земля, яка годувала покоління, тепер піддається хімічній атаці, яку важко зупинити.

Приклад виробництва смартфонів – яскравий і водночас трагічний. Для їхнього виробництва потрібні рідкісні метали, такі як кобальт і літій, видобуток яких часто супроводжується забрудненням навколишнього середовища та порушенням прав людей, які працюють у нелюдських умовах. Після кількох років використання цей смартфон, що колись був символом технологічного прогресу, перетворюється на токсичний відхід, що роками розкладається і отруює природу.

Цей цикл виробництва і знищення стає символом нашого часу — часу, коли технології перемагають природу. Але ми можемо змінити цей шлях. Можливо, майбутнє принесе більш екологічні стратегії виробництва та утилізації, а самі технології допоможуть нам зменшити наш вплив на планету. Але для цього потрібно змінити наш підхід: почати думати про кожен пристрій не лише як про зручність, але і як про частину великої екологічної картини, від якої залежить життя на Землі.

Епілог

Уявімо світ, де штучний інтелект стає не лише інструментом, а мудрим супутником людства. Світ, де машини і люди працюють разом, об'єднуючи свій інтелект, щоб вирішувати найбільші виклики, які колись здавалися неперебо́рними. Це не світ далеких технологічних холодних реалій, а тепла реальність, де штучний інтелект допомагає нам не лише будувати майбутнє, але й зберігати найцінніше з нашого минулого.

Уявіть місто, що виблискує під сонцем, чисте і зелене. Тут кожна будівля, кожен парк створений з турботою про природу, а ШІ допомагає підтримувати екосистеми в балансі. Розумні системи стежать за якістю повітря, води та ґрунту, дбаючи про те, щоб кожен куточок планети був здоровим і квітучим. Завдяки штучному інтелекту ми знайшли спосіб гармонійно жити з природою, а не руйнувати її заради прогресу.

Тут ШІ – це наш наставник у науці та мистецтві. Він аналізує мільйони даних, щоб знайти ліки від найважчих хвороб, допомагає творити шедеври, що вражають нашу уяву. Ми вчимося у нього, а він – у нас, відтворюючи наші мрії та бажання на нових рівнях творчості. Люди більше не бояться, що машини витіснять їх, навпаки – вони бачать у штучному інтелекті можливість стати кращими версіями самих себе, втілювати ідеї, які здавалися неможливими.

Штучний інтелект став нашим компаньйоном у навчанні і

повсякденному житті, допомагаючи знайти відповіді на найглибші питання і розкрити потенціал кожної людини. Дитина, що вчиться малювати, отримує від ШІ миттєвий зворотний зв'язок, підтримку і натхнення. Вчені, досліджуючи космічні простори, отримують розумних помічників, які здатні аналізувати складні дані та пропонувати проривні рішення.

І ось, коли сутінки огортають наш світ своїм м'яким сяйвом, ми бачимо, що ІІ не забирає у нас людяність, а допомагає розкрити її справжню силу. Він стає інструментом доброти і мудрості, засобом для досягнення гармонії між людьми, природою і технологіями. Це світ, де штучний інтелект допомагає нам не лише вижити, а й процвітати.

Світ, де кожен новий день приносить надію і можливості для творення кращого майбутнього.

www.ingramcontent.com/pod-product-compliance
Lightning Source LLC
Chambersburg PA
CBHW040222220526
45473CB00001B/83